QUELLE EST LA CLASSE

DE CITOYENS

LA PLUS INTÉRESSÉE

AU

MAINTIEN DU GOUVERNEMENT?

PAR M. JOSEPH REY, DE GRENOBLE,
Avocat a la Cour Royale de Paris.

A PARIS,

A LA LIBRAIRIE POLITIQUE, rue Poupée n° 7.

1820.

QUELLE EST LA CLASSE

DE CITOYENS

LA PLUS INTÉRESSÉE

AU

MAINTIEN DU GOUVERNEMENT ?

CETTE question nous semble du plus haut intérêt, puisqu'elle doit conduire à des développemens qui touchent aux principes fondamentaux de la société. En effet, si l'on détermine avec certitude quels sont les citoyens qui, par leur propre intérêt, sont le plus disposés à la régularité de l'administration sociale, on saura quels sont ceux qui, *toutes choses égales d'ailleurs*, peuvent offrir le plus de garantie pour le maintien de l'ordre, et qui doivent ainsi prendre le plus de part à l'action de la chose publique.

Cette question a déjà été débattue bien souvent, et sous diverses formes; mais il me semble qu'elle n'a point encore été envisagée sous son véritable jour, ni d'une manière assez complète. Pour y parvenir, et avant de passer à son examen direct, je crois indispensable de présenter quelques réflexions sur l'un de ses termes, qui a besoin d'être convenablement défini; car, dans tout objet de raisonnement, si l'on ne se forme pas une idée exacte des mots, on court grand risque de n'être pas entendu, et très-souvent, de ne pas s'entendre soi-même.

Je demanderai, avant tout, quelle idée l'on veut attacher à ce mot *gouvernement*. Entendrait-on parler d'une espèce *quelconque* de gouvernement? c'est ce que je ne puis croire; car, alors, on pourrait présenter une infinité de réponses opposées, qui, néanmoins, suivant l'essence de gouvernement que chaque écrivain aurait en vue, seraient toutes également concluantes.

Si, par exemple, on voulait parler d'un état semblable à ceux des côtes d'Afrique, où le despotisme militaire fait seul la loi à l'intérieur, tandis que le brigandage est au dehors le seul droit public, on répondrait avec raison que les *jannissaires* et les *pirates* sont les seuls intéressés

(3)

à la conservation d'un tel gouvernement; et, qu'au contraire, l'artisan laborieux, l'honnète négociant, le propriétaire foncier, les magistrats civils, et *le dey* lui-même, *ont le plus grand intérêt au changement d'un tel système;* car rien n'est assuré pour eux, ni la fortune, ni l'honneur, ni la liberté, ni la vie.

Que s'il s'agissait d'un gouvernement, je ne dirai pas *populaire*, car ce mot a un sens respectable, mais d'un gouvernement ou la plus vile populace fait la loi; alors, on dirait avec raison, que les hommes violens ou vils *de toutes les classes, de tous les rangs,* que les hommes sans vertu, qui, souvent, n'ont d'autre talent que celui de savoir maîtriser au gré de leurs passions une multitude ignorante, on dirait avec raison que de tels hommes sont *les seuls intéressés* à la conservation d'un pareil ordre de choses, tandis que les honnêtes gens *de toutes les classes*, et la masse du peuple elle-même, *ont le plus grand intérêt à le voir s'écrouler.*

Si l'on voulait encore parler d'un gouvernement, moitié civil, moitié monacal, comme naguère en Espagne, et même jadis dans toute l'Europe, où les préjugés les plus absurdes et les plus barbares font la loi au prince lui même , alors, sans doute *la seule classe intéressée* au maintien d'un tel système consisterait, non dans le corps entier du clergé , car les dignes pasteurs en seraient eux-mêmes les victimes , mais dans une poignée de fanatiques ou d'hypocrites, aussi cupides qu'ambitieux et cruels. Le reste de la nation gémirait sous un joug avilissant , et le monarque lui-même serait tout-à-la-fois en butte à la haine du peuple et à la tyrannie du sacerdoce.

Enfin , si l'on entend un gouvernement , où tous les avantages résident dans une seule classe de citoyens , réunissant à leur titre de simples particuliers une portion des droits de la souveraineté , comme dans le système féodal , dans ce cas on répondrait avec la même raison, que ni le monarque , ni la masse de la nation ne peuvent être intéressés au maintien d'un tel gouvernement , qui n'a d'avantage que pour les *seigneurs* et pour quelques ministres subalternes de leur anarchie, de leurs révoltes continuelles , de leurs illustres brigandages et de leurs chevaleresques atrocités.

Ainsi, l'on voit que pour répondre à la question proposée, l'on ne peut laisser au mot *gouvernement* une acception vague et universelle. On ne peut raisonnablement l'entendre ainsi, car ce serait demander des solutions absolument insignifiantes à force d'être multipliées. On ne peut, ce me semble, en traitant cette question de bonne foi, et sans acception de parti, avoir en vue qu'un GOUVERNEMENT PROTECTEUR DES DROITS DE CHAQUE CITOYEN, *sous quelque forme et sous quelque dénomination qu'il puisse exister.* Mais dans ce cas, rien ne me semble plus facile que de donner une réponse catégorique et satisfaisante. Il suffit de jeter un coup d'œil sur les diverses classes de la société et de remarquer *celle dont l'existence ou le bien être dépendent le plus* de la protection d'un gouvernement fondé sur de tels principes. Malgré cette grande simplicité, et l'évidence qui en résultera, nous sommes cependant persuadé qu'on taxera de paradoxe la solution qui doit ressortir d'une telle discussion, tant cette solution devra être éloignée des sophismes de la pratique ordinaire. Mais comme nous n'avons d'autre but que la recherche de la vérité, nous devrons peu nous embarrasser d'une telle accusation.

Nous allons commencer par jeter un coup-d'œil sur les grandes divisions de la société, sauf à descendre ensuite aux subdivisions qui pourraient être nécessaires. Nous tâcherons de puiser les caractères de nos classifications dans l'ordre de choses le plus positif et le moins dépendant de circonstances arbitraires ou fugitives.

En commençant par les rangs qu'on nomme inférieurs, on trouvera dans toute société *une première classe* que j'appellerai des *nécessiteux*. Elle se compose des personnes qui ne peuvent suffire par elles-mêmes à leurs besoins, soit par suite d'incapacité ou d'accident malheureux, soit par défaut de bonne volonté ou par l'effet d'une mauvaise conduite. La *seconde classe* sera formée des individus, qui, soit par une propriété matérielle, soit par leurs talens ou une industrie quelconque, possèdent à peu près *le strict nécessaire*. Une *troisième classe*, moins rigoureusement déterminée dans ses limites, mais dont l'idée suffit à notre objet, se formera de ceux qui, par une propriété matérielle ou par leurs talens ou leur industrie, ont une certaine quotité de moyens au-delà de leurs besoins, sans être cependant ce que l'on appelle *riches*, mais qu'on nomme communément des gens *aisés*. Enfin *la quatrième classe*, peu déterminée comme la troisième dans ses limites, sera composée des personnes, que, communément, on nomme *ri-*

ches ou *puissantes*, quelle que soit l'origine
de leur richesse ou de leur puissance.

Nous croyons que ces quatre *grandes classes*
renferment toutes les autres classes qu'on
pourrait imaginer. Si, cependant, on deman-
dait pourquoi nous ne formons pas une
classe particulière des *ordres privilégiés*, je
pourrais me borner à répondre, que dans un
gouvernement *protecteur des droits de chaque
citoyen*, je ne puis même concevoir la seule
existence de tels ordres, puisque tout privilége, indépendant du mérite personnel, im-
pliquerait contradiction avec un semblable
gouvernement. Mais je pourrais ajouter, dans
tous les cas, qu'un privilége dans la société
n'ayant d'autre but définitif que de procurer
des avantages quelconques, il devient par
cela seul une véritable richesse, une puissance, et que par conséquent les citoyens privilégiés se trouvent naturellement rangés dans
la classe des *riches* ou *puissans*. Enfin si l'on
veut absolument que nous considérions entièrement à part cette subdivision, nous pour-
rons y consentir un moment, mais nous es-
pérons que les vrais principes n'en ressortiront
pas moins de la discussion.

Reprenons maintenant ces diverses classes

en particulier, et discutons les sous le point de vue qui nous occupe.

Dans la première grande classe, nous devons d'abord faire une distinction entre les *nécessiteux par simple incapacité ou par accident*, et ceux qui sont réduits à cet état par suite *d'inclinations vicieuses*. Bien que l'humanité commande de venir au secours même de ces derniers, il importe à la morale et au bien public d'établir entre ceux-ci et les autres nécessiteux une différence essentielle dans la mesure et le mode des secours à leur accorder ; et comme cette simple différence emporte déjà une idée de blâme, une espèce de tache, une punition, au moins morale, on peut concevoir, d'après les inclinations vicieuses qu'on leur suppose, qu'ils peuvent n'avoir pas un grand intérêt au maintien d'un gouvernement qui ne leur accorde qu'à regret de faibles secours, pour dispenser ses véritables faveurs au mérite, au travail ou à l'infortune vertueuse. De tels nécessiteux trouveraient mieux leurs intérêts sous un gouvernement qui favoriserait la paresse, la lâcheté, la corruption. Alors, leurs vices même deviendraient des titres à la faveur, ainsi qu'on le voit dans tous les états où règne le despotisme et la superstition. C'est là que de vils complaisans du pouvoir, de lâches délateurs, des moines ignorans, fourbes et crapuleux, nagent dans le sein de l'abondance, des plaisirs et du pouvoir, tandis que sous un gouvernement sage et libéral , ils sont avec raison considérés comme l'opprobre et le fléau du genre humain.

Mais il n'en est pas ainsi des autres *nécessiteux*, de ceux que le malheur, ou la simple incapacité, le plus grand de tous les malheurs, ont réduits à cette douloureuse extrémité. Une telle classe *a le plus grand intérêt* au maintien d'une institution sociale qui leur accorde secours, consolation, respect. Trouveront-ils ailleurs des établissemens aussi paternels, auront-ils ailleurs les mêmes droits que dans une telle patrie ? tout contribue donc à les attacher au maintien d'un tel gouvernement plus qu'aucune autre classe de la société (1).

Quant à *la seconde classe*, qui admet non seulement les personnes pouvant suffire à leurs besoins par leur travail ou une industrie, mais

----

(1) Je prie le lecteur de ne point se presser de conclure que je veuille attribuer aux *nécessiteux* la plus grande part à l'administration de la chose publique. Attendons la fin.

encore celles qui le peuvent au moyen d'une propriété matérielle, on se trouve conduit à examiner d'abord l'opinion de plusieurs publicistes, qui prétendent que la *propriété* FONCIÈRE est la propriété *par excellence* sous le rapport de l'attachement qu'elle communiquerait à son possesseur *pour le sol de la patrie* et conséquemment *pour la chose publique*. La propriété *foncière*, disent-ils, attache essentiellement son possesseur au sol de la patrie, puisqu'il ne peut transporter ailleurs la source de son existence ou de son bien être ; et par une conséquence immédiate, il se trouve également attaché, disent-ils, à la chose publique, puisqu'il lui importe extrêmement de voir bien administrer le territoire où se trouve fixée sa propriété.

En ce qui concerne le sol de la patrie, on ne peut nier que la possession d'une partie de ce sol ne contribue fortement à y attacher ; mais d'autres circonstances peuvent rendre une telle affection bien plus impérieuse encore. Une propriété foncière, il est vrai, ne peut pas toujours être abandonnée sans inconvénient ; mais enfin, l'on peut presque toujours en tirer un parti plus ou moins avantageux ; on peut la vendre, l'échanger ou l'affermer ; et sauf quelques cas extraordinaires, son possesseur

peut aller où bon lui semble jouir de son capi-
tal ou de ses revenus. Mais, au lieu d'un propriétaire foncier, supposons que tel ou tel artisan, tel ou tel négociant soit obligé de quitter le
sol où se trouve fixé son établissement, dont le
succès dépend entièrement des localités , et la
ruine de cet artisan ou de ce négociant sera
consommée par cette seule circonstance. Supposons encore un légiste , dont la clientelle ,
péniblement et longuement acquise , se borne
à une ville , à un arrondissement , et le moindre déplacement , sur-tout dans un lieu où l'on
parle une autre langue, peut d'un seul coup le
réduire à la dernière misère. Enfin , l'employé
du gouvernement , le fonctionnaire public
pourra-t-il, hors du sol de sa patrie , trouver
un emploi qu'il ne doit peut être qu'à sa qua-
lité de citoyen ou à des services antérieurs. (1)

On voit donc, par tous ces exemples , que
le propriétaire *foncier,* loin d'être plus attaché
au sol de la patrie , doit être , au contraire ,

(1) Je n'énonce ici qu'un fait , sans approuver ce système corrupteur et dévorant qui , multipliant sans né-
cessité les fonctionnaires publics , en fait une classe im-
mense de parasites et d'auxiliaires du pouvoir arbitraire,
en même temps qu'il enlève une partie de la population
au commerce et à l'industrie.

rangé dans la classe de ceux qui , dans le fait, doivent lui être le moins attachés.

Si nous voulons maintenant examiner cette classe , *quant à son intérêt à la chose publique* , on conviendra pareillement qu'un propriétaire foncier est très intéressé à la voir prospérer et gouverner avec sagesse ; car des malheurs publics ou une mauvaise administration peuvent, jusqu'à un certain point, compromettre son existence ou son bien être. Mais quelle distance infinie entre les dangers qu'il peut courir et ceux attachés aux classes dont nous avons déjà parlé!.. Rarement, il s'agit pour le propriétaire foncier de la perte entière de sa propriété ; mais la moindre guerre étrangère, la moindre invasion ruinerait de fond en comble une foule d'artisans et de négocians ; le moindre déficit dans les finances de l'état suspend le paiement ou fait supprimer les places des employés du gouvernement, qui n'ont souvent aucune autre espèce de ressource ; enfin une banqueroute arrache aux créanciers de l'état une partie essentielle ou la totalité de leurs moyens de subsistance. On voit donc encore, par ces nouveaux exemples , que le propriétaire foncier se trouve heureusement placé dans la classe des citoyens *dont l'intérêt est le plus indépendant*

de la prospérité et de la bonne administration
de la chose publique. Une telle conclusion est
sans doute un peu contraire aux préjugés établis , mais cette considération ne pouvait nous
arrêter.

Après cette digression nécessaire , mais en
faisant abstraction maintenant de la différence
qui existe entre les diverses espèces de propriétaires , et en comparant seulement aux autres
classes la classe entière des personnes qui ne
possèdent que *le strict nécessaire* par un moyen
quelconque , nous établirons facilement que
cette classe doit encore être infiniment attachée à un gouvernement protecteur, puisque
dès l'instant qu'elle serait privée de l'assistance
d'un tel gouvernement , son existence même
serait compromise.

Passons à la *troisième grande classe* , celle
des personnes *aisées,* il n'est pas douteux qu'on
ne doive appliquer à cette classe les observations précédentes , quant aux propriétaires
fonciers ; mais en faisant observer de plus que
l'attachement à un gouvernement protecteur
de la part des individus de cette classe , com-
paré à ceux des première et deuxième , va déjà
décroissant, puisque possédant un excédant de
moyens d'existence , tant qu'ils ne sont privés

que d'une partie de ces moyens, ils peuvent
encore subsister, quelquefois même jouir
de quelques douceurs, tandis que celui qui n'a
que le strict nécessaire ne peut en être privé
sans souffrir cruellement ou périr.

Si nous arrivons à la quatrième classe, celle
des hommes *riches ou puissans*, nous devons
aussi lui appliquer sans difficulté les observations relatives aux propriétaires fonciers. Et
quant aux observations, qui ont pour objet la
progression décroissante d'intérêt à la chose
publique, en raison d'un excédant de moyens
qui rend moins indispensable la protection du
gouvernement, nous ferons remarquer que
cette progression décroissante est encore bien
plus rapide pour les hommes *riches ou puissans* que pour les autres classes, même celle
des personnes *aisées*, qui est bien plus expo-
sée à souffrir d'une mauvaise administration
ou d'une calamité publique.

Enfin, puisque nous avons consenti à nous
occuper séparément d'une cinquième grande
classe, celle *des ordres privilégiés*, qui n'est
cependant que fictive dans le système que nous
avons établis, nous allons juger du degré d'intérêt qu'elle pourrait avoir au maintien d'un
gouvernement *protecteur des droits de chacun*.

Eh! bien, quant à cette classe, nous ne nous bornerons pas à dire, comme pour celle des propriétaires *fonciers*, comparée à celle des autres espèces de propriétaires, ou comme pour la classe des *Riches*, comparée à la classe des personnes simplement *aisées*, qu'elle serait *moins* intéressée au maintien d'un tel gouvernement; mais nous n'hésitons pas à prononcer qu'elle serait *directement et essentiellement intéressée* à le voir renverser de fond en comble. En effet puisque l'établissement d'une telle classe ne serait fondé que sur un *Privilège*, sur un avantage indépendant du mérite, c'est-à-dire, en d'autres termes, sur *une injustice manifeste*, il est évident qu'elle ne peut être attachée à toute institution qui serait basée sur la justice, laquelle n'est et ne peut être que la juste distribution *des véritables droits de chacun*... Si ces preuves de raisonnement n'étaient pas irrésistibles, pourrait-il rester le moindre doute en jetant les yeux sur l'histoire de tous les pays, en voyant les efforts continuels des classes privilégiées contre toute amélioration sociale, contre toute tendance des gouvernemens à une égale protection de tous les membres de la société.

Après avoir examiné chaque classe de la société avec les développemens nécessaires, il sera facile, par un simple résumé, de présenter sur la question proposée une réponse préciseet satisfaisante. Ainsi l'on verra, 1° que cette portion de la première classe, qui par suite d'incapacité ou d'accident, a des droits respectables à la faveur de tout gouvernement vraiment paternel, et qui ne pourrait subsister sans cette faveur; on verra que cette portion de classe, réunie à la classe entière des individus qui n'ont que le strict nécessaire, et qui ne pourrait également subsister sans la conservation d'un gouvernement protecteur, forme une nouvelle classe particulière, qui vraiment est la plus intéressée au maintien du gouvernement; 2° que la troisième et la quatrième classe, c'est-à-dire des personnes *aisées* et des *riches*, forment une autre classe particulière, qui est encore intéressée au maintien d'un gouvernement protecteur, mais beaucoup moins que celle des *nécessiteux par infortune* et des hommes n'ayant que le *strict nécessaire*, puisque les gens aisés, et surtout les riches, peuvent encore le plus souvent exister, quelquefois même au milieu de l'abondance et des plaisirs, malgré les calamités publiques et la plus mauvaise administration ; 3° que dans les deuxième, troisième et quatrième classes ; les propriétaires *fonciers*, chacun dans la proportion de ses propriétés, sont presque de tous les citoyens les moins intéressés à la chose publique ; 4° enfin, que cette portion de la première classe qui se compose des nécessiteux *par inclination vicieuse*, réunie à la cinquième classe toute entière, celle des *privilégiés*, forment encore, sous le point de vue qui nous occupe, une dernière classe tout-à-fait distincte, dont les intérêts sont *diamétralement opposés à la conservation de tout gouvernement qui n'a d'égards que pour l'infortune respectable, pour le travail, les talens et les vertus.* Cette dernière conclusion peut surprendre quelques personnes, mais nous ne demandons d'autre faveur que de la voir discuter avec la plus grande sévérité.

Nous croyons avoir rempli la tâche que nous nous étions imposée, autant du moins que nos moyens le permettent. Quant aux applications ultérieures de notre solution aux questions d'ordre public que nous avons indiquées dès le principe, il n'est pas de notre sujet d'en suivre ici le développement ; mais nous prions le lecteur de ne point conclure que nous voudrions accorder la plus grande influence politique à la classe des *nécessiteux par infortune* ou à celle des individus qui n'ont que le *strict nécessaire*, par cela seul que ces deux classes ont le plus haut intérêt à la con-servation d'un gouvernement. Je n'ai point dit en commençant que la classe la plus *intéressée* au maintien du gouvernement dût, *par cela seul*, avoir le plus de part à l'administration publique, mais qu'elle devait avoir cette pré-férence, *toutes choses égales d'ailleurs*, c'est-à-dire, lorsque les personnes qui en font partie offrent d'autres garanties. Or, si l'on pouvait discuter en ce moment cette question d'une manière directe, on prouverait facilement que l'intérêt *matériel* à la chose publique *ne doit pas être la seule condition d'aptitude aux fonctions sociales*, et que, par exemple, les intérêts moraux, les lumières, le courage, la probité sont des conditions également in-dispensables. Mais je le repéte, ces dévelop-pemens n'appartiendraient point à notre sujet, et l'on doit ici se renfermer dans la seule ques-tion que je me suis proposée pour le moment.

FIN.

IMPRIMERIE DE MADAME JEUNEHOMME-CRÉMIÈRE
RUE HAUTEFEUILLE, N° 20 BIS.